Broum, broum,
au travail !
CHANTECLER

Bonjour les poules, bonjour le coq !
Je viens vous apporter à manger.

la poule

le poussin

le coq

le tracteur

le chat

le poulailler

l'épi

l'oie

le mouton

l'agneau

le papillon

le cheval

la fleur

l'âne

l'herbe

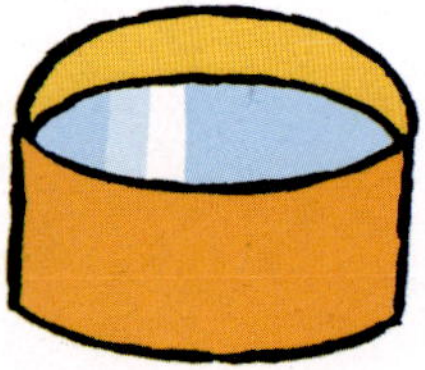

l'abreuvoir

Viens, Marguerite, c'est l'heure de la traite.

Avec le lait frais, je ferai
du flan pour le goûter.

la paille

le seau

l'oiseau

le veau

la vache

le bidon de lait

la fourche

le cochon

le panier

l'abeille

l'escargot

la ruche

la poire

la pomme

l'échelle

les cerises

le sécateur

Encore un panier de pommes
et ma remorque sera remplie !

Dans le potager, il y a toujours du travail : semer, planter, arroser ou cueillir !

le râteau

le pot de fleurs

la bêche

le lapin

la brouette

la tomate

le poireau

la carotte

l'arrosoir

À la ferme, il y a toujours beaucoup à faire.
Pas de temps à perdre donc !
Hop, montons dans le tracteur et au travail !

ISBN 978-2-8034-5235-4
9 782803 452354

Cette édition par Chantecler, Belgique-France
Idée originale et conception graphique : ZNU
Dessins au trait : Anita Engelen
Mise en couleurs : ZNU
Imprimé en Chine.

CE

D-MMIX-0001-294